DE LA DATE

DE

LA LOI JUNIA NORBANA,

PAR

F. ROMANET DU CAILLAUD.

EXTRAIT DES COMPTES RENDUS
DE L'ACADÉMIE DES INSCRIPTIONS ET BELLES-LETTRES.
(SÉANCE DU 25 AOÛT 1882.)

PARIS.

IMPRIMERIE NATIONALE.

M DCCC LXXXII.

DE LA DATE

DE

LA LOI JUNIA NORBANA.

DE LA DATE

DE

LA LOI JUNIA NORBANA,

PAR

F. ROMANET DU CAILLAUD.

EXTRAIT DES COMPTES RENDUS
DE L'ACADÉMIE DES INSCRIPTIONS ET BELLES-LETTRES.
(SÉANCE DU 25 AOÛT 1882.)

PARIS.

IMPRIMERIE NATIONALE.

M DCCC LXXXII.

DE LA DATE

DE

LA LOI JUNIA NORBANA.

La civilisation européenne étant fille de la civilisation romaine, une loi qui à Rome eût accordé une sanction légale à des affranchissements nuls suivant le strict droit civil, eût donné une condition aux affranchis créés par ces affranchissements et facilité de la sorte pour l'avenir l'avènement des esclaves à la liberté, une telle loi, dis-je, devrait certainement avoir sa place dans l'histoire de la démocratie. Cette loi existe : c'est la loi *Junia Norbana*.

I.

Dans le droit romain primitif, un esclave ne pouvait être affranchi par un citoyen romain que suivant les modes solennels. Ces modes étaient : le *cens*, la *vindicte* et le *testament*.

Le *cens* : Sur l'ordre de son maître, l'esclave se faisait inscrire comme citoyen romain sur les tables du cens.

La *vindicte* : Devant le magistrat comparaissaient le maître, l'esclave et un tiers; ce dernier assurait que l'esclave était un homme libre, et, en même temps, il touchait l'esclave avec une verge appelée *vindicte*, symbole de la propriété romaine. Interrogé par le magistrat, le maître avouait que l'esclave était libre ou acquiesçait par son silence. Alors le magistrat rendait une sentence qui déclarait l'esclave libre.

Le *testament* : Le maître léguait directement ou laissait par fidéicommis la liberté à un ou à plusieurs esclaves.

L'esclave ainsi affranchi devenait citoyen romain.

Mais il pouvait arriver que le maître, tout en ayant manifesté sa volonté d'affranchir, ne l'eût point fait suivant l'un des trois modes solennels.

En ce cas, l'esclave était libre en fait, par suite de la protection du préteur; mais, en droit, il demeurait esclave : il était *servus in libertate*.

De même, si le maître, au moment de l'affranchissement, n'avait pas encore acquis sur son esclave la propriété romaine, s'il l'avait seulement *in bonis,* comme disaient les jurisconsultes, l'affranchissement était imparfait.

Ces affranchissements irréguliers, en multipliant le nombre des *servi in libertate,* ne pouvaient manquer de faciliter l'usurpation du droit de cité.

La loi *Junia Norbana* régularisa la condition de ces personnes : elle les déclara libres; mais, au lieu de leur accorder les droits des citoyens romains, elle ne leur conféra que des droits analogues à ceux des Latins des colonies.

Dans le droit classique il existait également un autre cas, dans lequel un esclave affranchi ne pouvait être que Latin. D'après la loi *Ælia Sentia,* tout esclave n'ayant subi aucune flétrissure, mais affranchi avant l'âge de trente ans, dut être Latin, à moins que l'affranchissement n'eût été fait *vindicta,* en vertu d'une juste cause, approuvée par un conseil.

La date de la loi *Ælia Sentia* est connue; elle fut faite sous Auguste, l'an de Rome 756, sous le consulat de Sex. Ælius Catus et de C. Sentius Saturninus[1].

II.

Mais quelle est la date de la loi *Junia Norbana?*

Jusqu'à présent deux dates ont été proposées : l'une, 670, antérieure à la loi *Ælia Sentia;* l'autre postérieure, 771.

---

[1] Suétone, *Octav. Aug.,* XL. — Sigonius, *Comment. in fast. et triumph. Rom.,* Francfort, Wechel, 1588, fol. 336.

En 670, d'après certaine liste moderne des fastes romains, l'un des consuls se nommerait C. *Junius Norbanus;* en 771, les deux consuls sont, l'un M. *Junius* Silanus, l'autre L. *Norbanus* Balbus.

L'opinion qui tient pour la date de 771 s'appuie sur un texte des *Topiques*[1] de Cicéron, où il est dit que nul esclave n'acquiert la liberté que par le cens, la vindicte ou le testament. Or les *Topiques* ont nécessairement été écrits avant la fin de l'année 709 de Rome, date de la mort de Cicéron.

Un texte d'Ulpien[2], relatif à la loi *Ælia Sentia*, est invoqué par les auteurs de cette opinion[3]; mais ceux de l'opinion adverse[4] cherchent également à s'en prévaloir.

Ces derniers tirent leur principal argument d'un fragment de Dosithée[5], d'après lequel la classe des Latins aurait été créée par la loi *Junia Norbana;* et comme, suivant Gaius[6], la loi *Ælia Sentia* donne à certains affranchis la qualité de Latins, il faut, pour la concordance du texte de Dosithée avec celui de Gaius, que la loi *Junia Norbana* soit antérieure à la loi *Ælia Sentia.*

Or, continuent les partisans du second système, parmi les noms des magistrats antérieurs à la loi *Ælia Sentia,* ce n'est qu'en 670 que, dans les fastes consulaires, se rencontrent réunis les deux noms de *Junius* et de *Norbanus,* portés par la loi *Junia Norbana.* C'est donc la date de 670 qu'ils adoptent pour la loi *Junia Norbana.*

---

[1] Les *Topiques* parlent d'une loi dont le nom se rapproche tellement de celui de la loi *Ælia Sentia* que certaine édition moderne des œuvres de Cicéron, tout en faisant ses réserves sur l'anachronisme, a appelé cette loi du même nom *Ælia Sentia.* Le nom de cette loi doit être rétabli; d'après l'édition Herwagen (Bâle, 1534), elle s'appelle *Ælia Sanctia.*

[2] Ulpien, I, 12.

[3] Ortolan, *Explication historique des Instituts,* Paris, Plon, 1870, t. II, p. 55, n. 5.

[4] Acarias, *Précis de droit romain,* Paris, Cotillon, 1874, t. I, p. 113, n. 1.

[5] *Fragmentum Dositheanum,* 12 ..... Lex Junia, quæ Latinorum genus introduxit......»

[6] I, 29, 31, 66.

Pour soutenir leur thèse :

1° Ils supposent que la loi *Junia Norbana* fut une conséquence de la concession du droit de cité romaine que fit à de nouveaux peuples italiens le parti du jeune Marius, parti que suivait le consul de l'an 670, appelé par eux C. Junius Norbanus ;

2° Ils admettent qu'une loi ne prend pas ordinairement le nom de deux consuls ;

3° Enfin, ils infirment par une distinction le texte si précis des *Topiques* de Cicéron, prétendant que Cicéron n'a voulu parler que des modes d'affranchir du droit civil [1].

A ces raisons on peut répondre :

1° Que la création de la classe des affranchis latins n'est pas corrélative à l'extension du droit de cité aux Italiens ; seule, cette dernière mesure pouvait donner au parti de Marius des électeurs et des soldats, et le parti de Marius était guidé bien plus par l'ambition que par des idées de philosophie démocratique ;

2° Que, dans la plupart des lois qui portent deux noms, chacun de ces nom répond à celui d'un magistrat différent. Exemples : les loi *Licinia Mucia, Petilia Papiria, Valeria Horatia, Plautia Papiria, Gellia Cornelia, Papia Poppœa, Fusia Caninia, Ælia Sentia*, etc. ;

3° Que le texte des *Topiques* ne permet pas d'admettre que la loi *Junia Norbana* soit antérieure à la composition de ce livre de Cicéron. Dans la phrase en question, Cicéron traite de l'énumération comme moyen oratoire : *Tum partium enumeratio, quæ tractatur hoc modo : si neque censu, neque vindicta, nec testamento liber factus est, non est liber : neque est ulla earum rerum, non est igitur liber* [2]. « Si telle personne, dit-il, qui se prétend affranchie, n'a été rendue libre ni par le cens, ni par la vindicte, ni

---

[1] Cf. Acarias, *loc. cit.*

[2] Édition Herwagen, Bâle, 1535, t. 1, fol. 95.

par le testament, elle n'est point libre; aucune de ces conditions n'existe; donc elle n'est point libre. » Mais, si la loi *Junia Norbana* eût déjà existé, Cicéron eût-il pu parler ainsi dans un livre juridique aussi bien qu'oratoire, adressé à C. Trebatius, un des plus savants jurisconsultes de son époque? Comment, en effet, un orateur eût-il soutenu qu'un affranchi latin junien n'était pas, du moins en son vivant, un homme libre, quand, d'après Gaius, cet affranchi était aussi libre qu'un citoyen romain *ingénu* émigré dans une colonie latine [1]?

Au reste, le commentaire de Boèce sur les *Topiques* de Cicéron ne laisse aucun doute touchant la précision du texte précité; si la loi *Junia Norbana* eût existé du temps de Cicéron, Boèce, un des hommes les plus érudits du monde romain de la décadence, qui était le contemporain du prédécesseur de Justinien [2], n'eût certes pas manqué d'en faire l'observation dans son Commentaire et d'expliquer par une distinction le texte des *Topiques*.

Enfin est-il bien sûr que le consul de l'année 670 porte le *nomen* de *Junius?*

Les auteurs anciens qui en parlent l'appellent seulement C. ou Cn. Norbanus.

Dans l'*Epitome* de Tite-Live, on lit (Dec. IX, lib. V) : *Cn. Norbano . . . . .;*

Dans Florus (IV, 21) : *Scipione Norbanoque consulibus . . . . .;*

Dans Velleius Paterculus (II) : *Scipionem Norbanumque consules . . . . .;*

Dans Eutrope (V) : *Norbanum et Scipionem consules . . . . .;*

Dans Cassiodore : *L. Scipio et C. Norbanus;*

---

[1] « . . . . . Quia lex eos liberos perinde esse voluit atque si essent cives Romani ingenui, qui ex urbe Roma in Latinas colonias deducti Latini coloniarii esse cœperunt. » (Gaius, III, 56.)

[2] Justinien est un des rares auteurs qui donnent à la loi *Junia Norbana* son double nom.

Dans Tacite (*Hist.*, III) : *L. Scipione et C. Norbano coss.* . . . . . ;

Dans Appien : Γαῖος τε Νωρβάνος καὶ Λούκιος Σκίπιων, τώ τότε ὄντε ὑπατώ . . . . . ;

Dans Plutarque (*Sylla*, XXVII) : Νωρβανοῦ τοῦ ὑπατοῦ . . . ;

Sur les marbres capitolins de Verrius Flaccus : DCLXX·L· CORNELIVS·L·F·N·SCIPIO·ASIATICVS·C·N . . . . .

Des noms du second consul, il ne reste que le *prœnomen*, représenté par son initiale, et la première lettre N du deuxième nom. Ce deuxième nom ne peut être que Norbanus. Les marbres de Verrius Flaccus donnent presque toujours le nom *complet* des magistrats, le *prœnomen* en abrégé et le *nomen*, puis le *cognomen* et l'*agnomen*, quand ils existent.

Ce C. Norbanus doit être le même que celui qui, en 648, étant tribun du peuple, excita une sédition à la nouvelle des désastres du proconsul Q. Servilius Cæpio, lui fit retirer son commandement et fit décréter la confiscation de ses biens. Il fut plus tard, pour cet acte, accusé, en vertu de la loi *Appuleia imminutæ majestatis*, et défendu avec succès par Marc Antoine l'Ancien[1]. Or, Cicéron, qui raconte ces faits, ne l'appelle que C. Norbanus.

A ces documents, Sigonius, dans son *Commentaire sur les fastes romains*, ajoute le témoignage d'Obsequens et des marbres de Sicile. D'autres auteurs du xvie siècle, qui ont écrit sur les fastes romains, Panvinius et Pighius, puis Crevier, le continuateur de Rollin, qui, en général, donne en tête de chaque chapitre le nom *complet* de chaque consul, enfin M. Mommsen et M. Duruy écrivent seulement « C. Norbanus ».

Je ne sais si quelque inscription a permis de donner au second consul de l'an 670 le *nomen* de Junius. L'auteur qui l'a fait ne se serait-il pas fondé sur le nom de la loi *Junia Norbana* elle-même ? . . . . .

[1] Cic., *De Oratore*, lib. II.

Mais, objectera-t-on, le nom de Norbanus n'a pas la forme consacrée du *nomen* ou *gentilitium;* le *nomen* doit être terminé en *ius.*

C'est vrai : à Rome, le *nomen* était presque toujours terminé en *ius.* Toutefois, sur la fin de la République et au commencement de l'Empire, par suite de l'extension du droit de cité aux peuples italiens, on rencontre quelques *nomen* qui n'ont pas la terminaison ordinaire. Tel est celui de Perperna, ce consul vainqueur d'Aristonic, dont le père fut expulsé de Rome comme pérégrin.

Ce sont surtout les noms dont la terminaison est en *nus* qui jouent le rôle de *nomen.*

Ainsi, dans les fastes, on voit, à côté des Norba*nus* Flaccus et des Norba*nus* Balbus, un L. Passie*nus* Rufinus, consul en 749, et P. Alphe*nus*, P. F., Varus, consul en 754.

Une inscription d'une mauvaise latinité, trouvée à Alatrium, dans le pays des Herniques, nous montre un L. Betilie*nus*, L. F., Vaarus, élu deux fois censeur et, après sa censure, gratifié d'une statue par le peuple [1].

Une inscription du Forum Sempronii (en Ombrie) présente, entremêlés avec des noms ayant un *nomen* en *ius,* tels que :

C. Pescennius. C. L. Clemens, et C. Vernasius. C. L. Exumolphus,

d'autres noms dont le *nomen* est en *nus :*

C. Vettie*nus*. C. L. Tiro, L. Mœ*nus*. L. L. Pharnaces, C. Cuppie*nus*. C. L. Successor, C. Veia*nus*. C. L. Epaphra [2].

---

[1] Gruter, t. I, p. 171 :

. . . .
OB HASCE RES CENSOREM FECERE BIS
SENATVS FILIO STIPENDIA MERETO
ESE IOVSIT POPVLVSQVE STATVAM
DONAVIT CENSORINO·

[2] Gruter, t. I, p. 150. Ces noms sont ceux de *Sevirs Augustals* du Forum Sem-

Même ce dernier *nomen* est entièrement analogue à celui de *Norbanus*; *Veianus* semble dérivé de *Veïes*, comme *Norbanus* l'est de la petite ville volsque-latine de *Norba*.

Il est donc probable, on peut le conclure de ces divers documents, que Norbanus est bien le *nomen* du second consul de l'année 670 et non point son *cognomen*; et, à moins d'un document précis, on ne peut appeler ce consul que simplement C. Norbanus.

Il s'ensuit enfin que l'année 670 ne saurait être la date de la loi *Junia Norbana*.

III.

Des différents textes cités plus haut, il résulte :

1° Que la loi *Junia Norbana* est postérieure à la publication des *Topiques* de Cicéron;

2° Qu'elle est antérieure à la loi *Ælia Sentia*, puisque, d'après Dosithée, c'est elle qui a créé la classe des affranchis latins, et que, d'autre part, la loi *Ælia Sentia* donne la qualité de Latin à certaine sorte d'affranchis.

C'est donc entre les années 709 et 756 de Rome que la date de la loi *Junia Norbana* doit être placée.

Comme, dans cet intervalle de temps, les fastes consulaires ne nous montrent pas les deux noms de *Junius* et de *Norbanus* réunis la même année, il faudrait peut-être admettre que cette loi n'a pas une origine consulaire et qu'elle a dû être proposée par un ou deux magistrats plébéiens dont l'histoire ne fait pas mention; mais il est possible de donner une solution plus plausible à cette question.

La loi *Junia Norbana* est presque toujours appelée loi *Junia*; bien rares sont les textes où elle porte son deuxième nom *Nor-*

---

pronii. Tous sont des affranchis; mais leur *nomen* est celui de leur patron. Ces exemples de *nomen* en *nus* ne sont pas les seuls que nous offre le recueil de Gruter.

bana. Au contraire, dans les mêmes ouvrages, la loi *Ælia Sentia,* qui a pour auteurs deux consuls ayant comme *nomen*[1], l'un *Ælius,* l'autre *Sentius,* porte constamment son double nom.

De cette observation, on peut déduire que peut-être la loi *Junia Norbana* aura eu pour auteur un consul portant le *nomen* de *Junius,* et qu'elle aura été complétée par un autre consul portant le *nomen* de *Norbanus.*

Or, dans les fastes consulaires, nous trouvons, en 728, M. *Junius* Silanus consul avec Auguste; et l'année suivante, Auguste est maintenu consul avec C. *Norbanus* Flaccus pour collègue.

IV.

S'il est une époque à laquelle on puisse avec probabilité placer l'origine de la loi *Junia Norbana,* c'est bien le règne d'Auguste.

Esprit méthodique. il cherchait à rétablir dans la société romaine l'ordre qu'avaient troublé de si longues années de guerre civile. Sous son règne, le Sénat devait être épuré, l'ordre des patriciens et celui des chevaliers reconstitué; le peuple lui-même divisé en catégories et en régions dotées de prérogatives inégales.

A la différence de César, son père adoptif, il n'accorda le droit de cité qu'avec la plus stricte réserve; de telle sorte que,

---

[1] C'était, en général, d'après le *nomen,* et non d'après le *cognomen* de leur auteur, que les lois étaient appelées. Cependant, il arrivait quelquefois que l'ensemble des lois présentées par un magistrat portât son *cognomen;* mais alors la terminaison de l'adjectif était différente : ainsi disait-on *leges Sullanæ, leges Gracchanæ, leges Cæsarianæ;* tandis que pour une loi isolée, présentée par le même magistrat, on eût dit *lex Cornelia, lex Sempronia, lex Julia.....* — Quelquefois aussi une loi est appelée des *cognomen* de ses auteurs mis au génitif; exemple : la loi *Plautia Papiria* est dite par Cicéron (*Pro Archia*) *Lex Sylvani et Carbonis.*

sous son règne, le chiffre des citoyens ne s'accrut que de trente-quatre mille.

Il regardait comme très important de conserver le peuple romain pur de tout mélange de sang étranger ou servile. « Aussi, dit Suétone, en même temps qu'il ménageait avec parcimonie le droit de cité, il limitait les affranchissements. Par de nombreuses entraves, il empêcha les esclaves de parvenir à la liberté parfaite (*justa libertas*), et il détermina avec soin le nombre, la condition et la différence de position des affranchis. »

Ce texte de Suétone, qu'on a coutume de rapporter aux lois *Ælia Sentia* et *Fusia Caninia,* peut également s'appliquer à la loi *Junia Norbana.*

Une autre raison d'attribuer à Auguste la loi *Junia Norbana,* c'est la privation du *jus capiendi* imposée aux Latins Juniens. Il dut essayer sur ces affranchis, peu intéressants et incapables d'être pères de famille, sa théorie des lois caducaires. Ainsi habituait-il le monde romain à la distinction entre la *factio testamenti* et le *jus capiendi.*

Enfin, Auguste détestait les situations indécises; il est certain que la condition anormale des *servi in libertate,* si propre à faciliter l'usurpation du droit de cité, avait dû le frapper. N'était-ce pas lui, en effet, qui, au début de son pouvoir, avait partout traqué les esclaves fugitifs, rendu à leurs maîtres ceux qui étaient réclamés et mis à mort ceux qui restaient sans maître?

Rien n'est donc plus plausible que d'attribuer au règne d'Auguste la loi *Junia Norbana.*

V.

Mais comment cette loi porte-t-elle, à la suite du nom du consul de l'an 728, celui du consul de l'an 729?

L'an 728, Auguste était consul pour la neuvième fois, avec

M. Junius Silanus pour collègue. Depuis plus d'une année il était absent de Rome. Il était à Tarracone, d'où il dirigeait la guerre contre les Cantabres et les Astures. Mais, quoique absent de Rome, il ne cessait de gouverner la République.

Il avait, en effet, laissé à Rome le confident de sa politique, Agrippa; et par la correspondance qu'il entretenait, tant avec son fidèle auxiliaire qu'avec son collègue, le consul de l'année, il continuait de loin la réforme législative de la société romaine. Ainsi agissait-il, même dès les premiers temps de sa puissance : dans l'année qui suivit la chute d'Antoine, pendant qu'il était en Asie, il avait fait voter à Rome une loi très importante, la loi *Sænia,* par laquelle furent créées de nouvelles *gentes* patriciennes. Cette loi fut nécessairement présentée par son quatrième collègue de l'année 723, le consul L. Sænius; et, comme ce consul était seul présent à Rome au moment de la délibération, il donna seul son nom à la loi *Sænia.*

Il dut en être de même pour la loi qui donnait une condition aux esclaves affranchis en dehors des modes du droit civil. Sous l'inspiration d'Auguste, qui dut lui écrire d'Espagne, le consul M. Junius Silanus, présenta sans doute à l'approbation du Sénat et au vote du peuple la loi que les auteurs appellent presque toujours de son nom loi *Junia,* et d'après laquelle la classe d'affranchis qu'elle créa porte le nom de Latins Juniens.

L'année suivante, Auguste revint d'Espagne. Le Sénat le combla d'honneurs et augmenta encore son pouvoir.

Or, rapporte Dion Cassius : « Auguste, dans la confection de ses lois, ne se contentait pas de son propre sentiment. Il y avait des lois qu'il soumettait à la délibération du peuple, afin que, dans le cas où quelques dispositions n'auraient pas convenu, *il pût, en étant instruit à l'avance, les corriger;* car il encourageait chacun à lui communiquer ce qu'il avait trouvé de mieux, et il accordait une grande liberté de langage. *Il y avait même des articles qu'il remaniait* [1]. »

Il est probable qu'il crut devoir faire quelques modifications ou quelques additions à la loi que le consul M. Junius Silanus avait fait voter l'année précédente; et, après les avoir fait étudier dans le conseil d'Etat qu'il s'était donné, il dut charger son collègue de l'année, C. Norbanus Flaccus, de faire voter par le Sénat et par le peuple la loi *Junia* ainsi modifiée.

Dès lors, la loi *Junia* aurait sans doute pris, comme deuxième nom, celui de *Norbana*.

Telle est l'hypothèse sur la date de la loi *Junia Norbana* que je crois la plus propre à expliquer les différents textes se rapportant à cette loi.

Je ne sais si je suis le premier auteur de cette hypothèse; mais je ne l'ai vue reproduite ni dans l'ouvrage de M. Ortolan, ni dans le traité si complet et si savant de M. Acarias.

[1] Dion Cassius, III, 21.

OUVRAGES DU MÊME AUTEUR.

Notes sur le Tong-King (*Bulletin de la Société de géographie de Paris*, 1882).

Note sur deux vignes chinoises, *Spinovitis Davidi* et *Vitis Romaneti* (*Journal d'agriculture pratique*, 1882).

Les produits du Tong-King et des pays limitrophes, Paris, Challamel, 1882.

Histoire de l'intervention française au Tong-King de 1872 à 1874, Paris, Challamel, 1880.

Notice sur le Tong-King, Paris, Challamel, 1880.

La conquête du delta du Tong-King (*Le Tour du monde*, 1877).

Voyage d'un pionnier du commerce britannique de Shang-Haï au Thibet oriental (*L'Explorateur*, 1876).

Projet d'exploration au Tong-King et en Yûn-Nân (*L'Explorateur*, 1875).

La France au Tong-King (1874). Épuisé.

De l'autonomie municipale (1874). Épuisé.

www.ingramcontent.com/pod-product-compliance
Lightning Source LLC
LaVergne TN
LVHW021754030726
842523LV00003B/1012